Frozen Yogurt

Frozen Yogurt

Das cremige Dessert aus dem Becher

Parragon

Bath • New York • Cologne • Melbourne • Delhi
Hong Kong • Shenzhen • Singapore • Amsterdam

Anmerkung für den Leser:
Ein Teelöffel entspricht 5 ml, ein Esslöffel 15 ml. Soweit nicht anders angegeben, wird Vollmilch verwendet. Die Eier sind von mittlerer Größe und immer aus Freilandhaltung. Orangen, Zitronen und Limetten sind unbehandelt, da die Schale häufig zum Aromatisieren verwendet wird.
Kinder, ältere Menschen, Schwangere, Kranke oder in Rekonvaleszenz befindliche Personen sollten auf Rezepte mit rohen oder leicht gegarten Eiern sowie Erdnüssen oder Erdussprodukten verzichten. Allergiker bitten wir zu beachten, dass einige Fertigprodukte, die in den Rezepten verwendet werden, allergene Bestandteile enthalten können und daher immer sorgfältig die Inhaltsstoffe der Produkte überprüft werden müssen.

Generell sollte auf die Verwendung von frischen, einwandfreien Produkten geachtet werden. Wenn Früchte verwendet werden, müssen sie reif und weich sein, sollten jedoch keine Druckstellen besitzen oder schon gären.
Bewahren Sie Reste immer im Kühlschrank auf und prüfen Sie sie vor ihrer Verwendung gewissenhaft auf ihre Verwertbarkeit. Verdorbene Lebensmittel dürfen auf keinen Fall verzehrt werden.

Alle Rezepte in diesem Buch wurden mit größtmöglicher Sorgfalt und Liebe zubereitet, verkostet und überprüft.

Chartist House
15-17 Trim Street
Bath BA1 1HA, UK
www.parragon.com

Projektkoordination: Melanie Zanin, Düsseldorf
Texte: Juliane Steinbrecher, Köln; Melanie Zanin, Düsseldorf
Lektorat: Juliane Steinbrecher, Köln
Foodstyling: Melanie Zanin, Düsseldorf
Fotografie und Grafik: Melanie Zanin, Düsseldorf

ISBN: 978-1-4748-0366-3
Printed in China

INHALT

FROZEN YOGURT – DER TREND IM BECHER

Längst ist Frozen Yogurt mehr als ein Trend und hat sich bei Eisfans einen Spitzenplatz unter den Eiscremesorten erobert. Und die schicken, durchgestylten Frozen-Yogurt-Bars werden wie die altbekannte italienische Eisdiele mehr und mehr zu einer echten Institution. Das fluffige, gesunde Joghurteis begeistert durch Leichtigkeit, Frische und unzählige Geschmacksvarianten. Ob als cremige Erfrischung in Sommermonaten oder coole Mahlzeit zwischendurch – Frozen Yogurt aus dem Becher mit seinen dekorativen Toppings hat bereits Kultstatus erreicht!

Klar, dass auch dieser Trend seinen Ursprung bereits in den 1980er-Jahren in den USA hatte. Auf den Straßen New Yorks sah man junge Trendsetter, Studenten, aber auch Businessmen mit großen weißen Pappbechern, aus denen kunstvoll gespritzte, weiße Zipfel blitzten, umringt von Obst, Schokostreuseln und Gummibärchen. In den Mittagspausen wurde sogar das klassische Sandwich von den coolen kalorienarmen, sättigenden Joghurteiskreationen abgelöst.

Aber schon bevor sich der Frozen Yogurt mit kleinen, speziell dafür ausgerichteten Läden in den Straßen der Weltmetropolen niederließ, wurde er in der klassischen italienischen Gelateria zubereitet, und zwar als cremiges Softeis mit einer speziellen Softeismaschine – wobei die Basis meist nicht Joghurt, sondern Milch und Sahne war/ist. Softeiscreme sowie Frozen Yogurt werden direkt aus der Eismaschine als feine Spitzen in den Becher hineingespritzt. „Getoppt" wird der cremige Genuss von allerlei fruchtigen, süßen oder salzigen Toppings – so nennt man die Leckereien, die über den Frozen Yogurt gestreut oder gegossen werden.

Doch wer ein richtiger Eisfan ist, kann das cremige Vergnügen auch zu Hause genießen und selber kreieren. In diesem Buch finden Sie mehr als das ursprüngliche Joghurteis oder „Natur-Frozen-Yogurt" mit allerlei Topping-Ideen. Mit den hier zusammengestellten klassischen und ausgefallenen Rezepten lassen sich attraktive Eiskreationen zubereiten, die die Geschmacksvielfalt des Frozen Yogurt widerspiegeln. Und der besondere Vorteil ist: Die Frozen-Yogurt-Sorten sind durch die Verwendung von fettarmem Joghurt viel kalorienärmer als die klassischen Eiscremesorten, von denen sie inspiriert sind. Geschmacklich unterscheiden sie sich durch weniger Süße und einen frischen, leicht säuerlichen Geschmack.

Da Frozen Yogurt leicht und gut bekömmlich ist, kann er auch nach einem üppigen Hauptgang als ideales Dessert serviert werden. Je nach Rezept lassen sich erfrischende Fruchtjoghurts, wie Ananas-Frozen-Yogurt oder Frozen Yogurt mit Crushed Lemon Ice, aber auch edle Kreationen wie Mokka-Frozen-Yogurt oder Maronen-Frozen-Yogurt zubereiten, die in die kalte Jahreszeit passen. Getoppt wird mit außergewöhnlichen selbst gemachten Toppings zur geschmacklichen Intensivierung und attraktiven Dekoration.

Egal, für welche Sorte oder Kreation Sie sich auch entscheiden, in jedem Fall ist Frozen Yogurt das ganz besondere Eisvergnügen für zwischendurch oder der krönende Abschluss eines Menüs. Lassen Sie sich inspirieren und verwöhnen Sie sich und Ihre Gäste mit dem köstlichen cremigen Genuss – wir wünschen Ihnen dabei viel Freude und gutes Gelingen!

KLEINE EISKUNDE

Frozen Yogurt ist eine gesunde Alternative zum normalen Speiseeis. Es wird auch oft fettarmer Joghurt (1,5 % Fettgehalt) und Zucker zum Binden verwendet – mehr sollte nicht in der „Basis" enthalten sein. Einen Teil des Zuckers kann man auch durch Honig ersetzen. Mit einem Spritzer Zitronensaft oder etwas abgeriebener Zitronenschale erreicht man einen frischeren Geschmack des Frozen Yogurts.

Da selbst gemachter Frozen Yogurt anders als industriell hergestelltes Joghurteis keine Zusatz- und Konservierungsstoffe enthält, sollte er innerhalb von circa 5 Tagen verbraucht werden. Am besten schmeckt er jedoch, wenn er ganz frisch zubereitet ist. Zur Aufbewahrung sollte das Eis in einer geschlossenen Gefrierdose im Gefrierfach gelagert werden.

Damit der Frozen Yogurt seine gewünschte Cremigkeit bekommt, kann zusätzlich aufgeschlagenes Eiweiß unter die Joghurtmasse gehoben werden – das vermindert allerdings die Haltbarkeit. Wer rohes Ei in seinem Frozen Yogurt vermeiden möchte, kann wahlweise auch Soja-Lezithin verwenden, das im Reformhaus erhältlich ist: Es macht die Masse ebenfalls wunderbar cremig.

Mit den ausgewählten Rezepten lässt sich jeweils eine Menge von etwa 1 Liter Eis herstellen, das für circa 4 bis 6 Portionen ausreicht.

SO WIRD'S GEMACHT

Frozen Yogurt besticht und begeistert durch seine besonders leichte Cremigkeit. Wie bei anderen Eiscremesorten besteht das Geheimnis seiner Herstellung darin, die Masse während des Gefrierens zu rühren. Es ist wichtig, dass unter die Eismasse genügend Luft gerührt wird, denn durch das Rühren werden die Eiskristalle möglichst klein gehalten – Luft und Eiskristalle sorgen für die fluffige Cremigkeit. Es gibt zwei Möglichkeiten, Frozen Yogurt herzustellen: entweder mit einer Eismaschine oder „per Hand".

OHNE MASCHINE – PER HAND

Die Joghurtmasse wird nach dem Anrühren in einem offenen Kunststoffbehälter (zum Beispiel einer Rührschüssel oder Gefrierdose) im Tiefkühlfach des Kühlschranks oder im Gefrierschrank für etwa 2 bis 3 Stunden eingefroren. Der Behälter sollte ungefähr doppelt so groß sein wie die Menge der Eismasse – das ist von Vorteil beim Durchrühren. Nehmen Sie den Behälter etwa alle 30 Minuten aus dem Gefrierfach und rühren Sie die Masse mit einem Pürierstab, einem Schneebesen oder einer Gabel kräftig durch, bis sich der angefrorene Rand gelöst hat. Dieser Vorgang sollte 3 bis 4 Mal wiederholt werden bis eine geschmeidige, spritzfähige Softeismasse entstanden ist. Je fettarmer der Joghurt ist, desto schneller gefriert die Masse und desto häufiger muss das Eis während des Gefrierens gerührt werden.

MIT MASCHINE – MASCHINELL

Mit einer Eismaschine lässt sich der Frozen Yogurt schneller und mit weniger Aufwand herstellen. Es gibt zweierlei Typen, die nach unterschiedlichen Prinzipien arbeiten. Die

etwas teureren Eismaschinen arbeiten mit einem integrierten Kühlaggregat, das den Kühlbehälter während der Verarbeitung durchgehend kühlt. Die Anschaffung lohnt sich aber, wenn man mehr als eine Sorte Eis herstellen möchte und die Maschine oft in Gebrauch hat. Die preiswerteren Eismaschinen haben kein Kühlaggregat, das heißt, der Eisbehälter enthält eine Kühlflüssigkeit und muss vor der Zubereitung mindestens 8 Stunden im Tiefkühlfach oder Gefrierschrank gelagert werden. Danach lässt sich meist nur eine Sorte Eis herstellen, dann muss der Behälter erneut gefroren werden. Die Benutzung beider Gerätetypen funktioniert gleich: Die Frozen-Yogurt-Masse wird in den Kühlbehälter der Maschine gefüllt, in dem sie unter ständiger Rotation gefriert. Die Herstellung dauert je nach Maschine 30 bis 60 Minuten. Die genauen Zeitangaben entnehmen Sie bitte der Anleitung des Geräteherstellers.

NÜTZLICHE UTENSILIEN

Pürierstab, um Früchte zu pürieren und die Frozen-Yogurt-Masse während des Gefrierens durchzurühren.

Schneebesen, zum Vermengen der Zutaten der Eismischung und zum Durchrühren der Frozen-Yogurt-Masse während des Gefrierens bei der Zubereitung per Hand.

Spritzbeutel, für die typische Servierart des Frozen Yogurts: Das Eis in einen Spritzbeutel mit großer Sterntülle füllen und dekorativ in Becher oder Förmchen spritzen.

Rührschüsseln, um die Zutaten anzurühren oder die Eismasse bei der Herstellung per Hand einzufrieren.

Becher und Förmchen, zum dekorativen Servieren des Frozen Yogurts.

Teigschaber, um den Frozen Yoghurt vollständig aus der Maschine oder dem Kühlbehälter herauszunehmen.

Sieb und Musselintuch, zum Abtrofen bzw. „Trocknen" des Joghurts und zum Abseihen von Flüssigkeiten.

Trichter, zum Abfüllen der flüssigen Toppings in Glasgefäße.

Messbecher und Waage, zum genauen Abmessen oder Wiegen der Zutatenmengen.

Handrührgerät, zum Steifschlagen von Eiweiß und Sahne oder Glattrühren der Zutaten.

FRUITY & SWEET

BASIC FROZEN YOGURT

Zutaten

1 kg fettarmer Joghurt (1,5 %) ❋ 125 g Zucker ❋ 2 Tütchen Vanillezucker ❋ 4 Eiweiß

1. Ein Sieb mit einem Musselintuch auslegen und auf eine Schüssel stellen.

2. Den Joghurt in das Sieb geben, mit Frischhaltefolie abdecken und mit einem Teller beschweren, sodass die Molke abtropfen kann. Zum Abtropfen für mindestens 6 Stunden (am besten über Nacht) in den Kühlschrank stellen. Der Joghurt sollte danach die Konsistenz von festem Quark oder Frischkäse haben.

3. Dann Zucker und Vanillezucker unter den Joghurt rühren. Das Eiweiß mit dem Handrührgerät steif schlagen und unter die Joghurtmasse heben.

4. Die Joghurtmasse in der Eismaschine entsprechend der Zeitangabe des Herstellers oder per Hand nach Anweisung gefrieren (s. S. 8).

5. Zum Servieren den Frozen Yogurt in einen Spritzbeutel mit großer Sterntülle füllen und in Becher oder Förmchen spritzen.

Der Basic Frozen Yogurt kann sowohl mit Sauce und Sirup als auch mit unterschiedlichen Toppings dekoriert und serviert werden (s. S. 70–78).

MANGO-FROZEN-YOGURT MIT INGWERKARAMELL

Zutaten

2–3 reife Mangos ❃ 1 Zitrone ❃ 1 Limette ❃ 100 g feiner Zucker ❃ 20 g Ingwerwurzel ❃ 1 Orange ❃ 1 TL Zucker, zum Karamellisieren ❃ 600 g fettarmer Joghurt (1,5 %) ❃ 100 ml Milch ❃ 2 TL Soja-Lezithin

1. Die Mangos schälen, das Fruchtfleisch von den Steinen lösen und pürieren.

2. Die Zitrone waschen und die Hälfte der Schale abreiben. Zitrone und Limette auspressen. Den Saft mit Zitronenschale und Zucker verrühren, bis der Zucker sich auflöst, und mit dem Mangopürree vermengen.

3. Die Ingwerwurzel schälen und in etwa 5 mm kleine Würfel schneiden.

4. Die Orange auspressen und den Saft in einer Pfanne erhitzen. Den Ingwer zufügen und leicht köcheln lassen. Nach und nach den Zucker unter Rühren zufügen. Die Flüssigkeit einkochen, bis sie auf die Hälfte reduziert ist und der Ingwer karamellisiert. Den Karamell erkalten lassen, aus der Pfanne lösen und in kleine Stücke zerbröseln.

5. Zwei Drittel des Ingwerkaramells unter das Mangopüree mischen. Dann Joghurt und Milch unterrühren. Zum Schluss das Soja-Lezithin untermischen.

6. Die Joghurtmasse in der Eismaschine entsprechend der Zeitangabe des Herstellers oder per Hand nach Anweisung gefrieren (s. S. 8).

7. Zum Servieren den Mango-Frozen-Yogurt in einen Spritzbeutel mit großer Sterntülle füllen und in Becher oder Förmchen spritzen.

Als Topping den restlichen Ingwerkaramell über den Frozen Yogurt streuen.

ANANAS-FROZEN-YOGURT MIT CHILIFLOCKEN

Zutaten

1 große Ananas oder 1 Dose Ananas (340 g) ❋ 100 ml Ananassaft ❋ 2 TL geriebene Ingwerwurzel ❋ 100 g Zucker ❋ 1 Tütchen Vanillezucker ❋ abgeriebene Schale von 1 Zitrone ❋ 600 g Joghurt ❋ 1 Eiweiß oder 2 TL Soja-Lezithin ❋ 1 EL Zucker ❋ 1 getrocknete Chili

1. Die Ananas schälen, den Strunk entfernen und das Ananasfleisch in kleine Stücke schneiden. Wenn Ananas aus der Dose verwendet wird, die Stücke in einem Sieb abtropfen lassen und den Saft zur weiteren Verwendung auffangen. Die Ananasstücke in einen Topf geben und mit Ananassaft, Ingwer, Zucker, Vanillezucker und Zitronenschale vermengen. Die Masse aufkochen, dann die Hitze reduzieren und alles etwa 15 Minuten einköcheln lassen.

2. Die Ananasmasse etwa 15 Minuten abkühlen lassen. Anschließend mit einem Pürierstab fein pürieren. Das Ananaspürree lauwarm unter den Joghurt heben.

3. Eiweiß und Zucker mit einem Handrührgerät steif schlagen. Den Eischnee unter die Ananasjoghurtmasse heben. Nach Belieben anstelle des Eischnees das Soja-Lezithin unterrühren.

4. Die Joghurtmasse in der Eismaschine entsprechend der Zeitangabe des Herstellers oder per Hand nach Anweisung gefrieren (s. S. 8).

5. Zum Servieren den Ananas-Frozen-Yogurt in einen Spritzbeutel mit großer Sterntülle füllen und in Becher oder Förmchen spritzen.

Für das Topping die Chili zu feinen Flocken zerbröseln und über den Ananas-Frozen-Yogurt streuen.

KIWI-STACHELBEER-FROZEN-YOGURT MIT BAISER

Zutaten

8 reife Kiwis ❁ 250 g Stachelbeeren aus dem Glas ❁ 200 g feiner Zucker ❁ 1 Tütchen Vanillezucker ❁ ½ TL abgeriebene Zitronenschale ❁ 600 g fettarmer Joghurt (1,5 %) ❁ 2 TL Soja-Lezithin ❁ Für das Baiser: 2 Eiweiß ❁ 2 EL feiner Zucker ❁ 10 Tropfen Orangenaroma

Bevor der Frozen Yogurt vorbereitet wird, sollte das Baiser gebacken werden. Während der Backzeit kann die Joghurtmasse zubereitet werden.

1. Die Kiwis schälen und in kleine Stücke schneiden. Die Stachelbeeren in einem Sieb abtropfen lassen und den Saft auffangen. Zucker und Vanillezucker mit dem Saft mischen und darin auflösen.

2. Kiwis und Stachelbeeren mit einem Pürierstab fein pürieren. Die Masse mit Zitronenschale und Saftmischung vermengen.

3. Joghurt und Soja-Lezithin untermischen und alles etwa 15 Minuten ziehen lassen.

4. Die Joghurtmasse in der Eismaschine entsprechend der Zeitangabe des Herstellers oder per Hand nach Anweisung gefrieren (s. S. 8).

5. Zum Servieren den Frozen Yogurt in einen Spritzbeutel mit großer Sterntülle füllen und in Becher oder Förmchen spritzen.

1. Für das Baiser das Eiweiß mit dem Handrührgerät halb steif schlagen, dabei nach und nach den Zucker einrieseln lassen. Den Eischnee weitere 5 Minuten auf höchster Stufe steif und glänzend schlagen. Das Orangenaroma unterrühren.

2. Den Backofen auf 120 °C vorheizen. Ein Backblech mit Backpapier auslegen. Den Eischnee in einen Spritzbeutel mit kleiner Lochtülle füllen und auf das Backpapier spritzen. Das Baiser etwa 90 Minuten im Ofen backen, bis es leicht gebräunt ist. Im Ofen abkühlen lassen, in grobe Würfel zerbröseln und über den Frozen Yogurt streuen.

WALDBEEREN-FROZEN-YOGURT MIT VANILLESIRUP

Zutaten

400 g gemischte Beeren (Himbeeren, Brombeeren, Heidelbeeren), Tiefkühlware ❀ 100 g Zucker ❀ 1 Tütchen Bourbon-Vanillezucker ❀ 100 g Sahne ❀ 1 Tütchen Vanillezucker ❀ 500 g fettarmer Joghurt (1,5 %) ❀ Für den Vanillesirup: 500 ml Wasser ❀ 4 Vanillestangen ❀ 350 g brauner Zucker

1. Die Waldbeeren in ein Sieb geben und auftauen lassen. Dann mit dem Zucker vermengen und 10 Minuten ziehen lassen.

2. Die Beeren mit einem Pürierstab fein pürieren, den Bourbon-Vanillezucker zufügen und erneut 5 Minuten ziehen lassen.

3. In der Zwischenzeit Sahne und Vanillezucker mit einem Handrührgerät steif schlagen und unter den Joghurt heben.

4. Die Joghurtmasse unter das Waldbeerpüree mischen und in der Eismaschine entsprechend der Zeitangabe des Herstellers oder per Hand nach Anweisung gefrieren (s. S. 8).

5. Zum Servieren den Waldbeeren-Frozen-Yogurt in einen Spritzbeutel mit großer Sterntülle füllen und in Becher oder Förmchen spritzen.

1. Für den Vanillesirup das Wasser in einem Topf erhitzen. Die Vanillestangen der Länge nach halbieren und das Mark herauskratzen. Vanillemark und -stange sowie Zucker in das Wasser geben und bei starker Hitze aufkochen.

2. Die Temperatur reduzieren und die Flüssigkeit etwa 15 Minuten einkochen lassen, bis sie sirupartig ist. Die Vanillestangen entfernen und den Sirup noch heiß mit einem Trichter in ein verschließbares Glasgefäß füllen. Abgekühlt als Topping über den Frozen Yogurt geben.

Vanille

FROZEN YOGURT MIT CRUSHED LEMON ICE

Zutaten

4 Zitronen ❁ 50 g Zucker ❁ abgeriebene Schale von 1 ½ Zitronen ❁ 200 g Frischkäse ❁ 500 g Joghurt ❁ 20 ml Zitronensaftkonzentrat ❁ 2 TL Soja-Lezithin ❁
Für das Crushed Lemon Ice: 4 Zitronen ❁ 3 Limetten ❁ 2 EL Zucker ❁ 2 EL Zitronensaftkonzentrat ❁ 100 ml Wasser ❁ 1 TL abgeriebene Zitronenschale

Das Crushed Lemon Ice sollte vor dem Frozen Yogurt zubereitet werden.

1. Die Zitronen auspressen und den Saft mit Zucker und Zitronenschale verrühren, bis der Zucker vollständig aufgelöst ist.

2. Frischkäse und Joghurt mit einem Handrührgerät glatt rühren, bis die Masse schön cremig ist. Die Frischkäsejoghurtcreme mit Zitronensaftkonzentrat und Soja-Lezithin vermischen.

3. Die Joghurtmasse in der Eismaschine entsprechend der Zeitangabe des Herstellers oder per Hand nach Anweisung gefrieren (s. S. 8).

4. Zum Servieren abwechselnd eine Schicht Frozen Yogurt und eine Schicht Crushed Lemon Ice in ein Glasgefäß füllen. Mit aufgespritztem Frozen-Yogurt abschließen und mit etwas Crushed Ice garnieren.

Für das Crushed Lemon Ice Zitronen und Limetten auspressen. Den Saft mit Zucker, Zitronensaftkonzentrat, Wasser und Zitronenschale verrühren, bis der Zucker vollständig aufgelöst ist. Die Eismasse in eine Eiswürfelform füllen und für mindestens 2 Stunden einfrieren. Die gefrorenen Eiswürfel in ein Küchentuch einschlagen und mit einem Fleischklopfer grob zerstoßen.

Als zusätzliches Topping kann Lemonsirup aus dem Saft von 2 Zitronen, vermischt mit 300 ml Wasser und 3 Esslöffel Zucker hergestellt werden. Die Flüssigkeit bei mittlerer Hitze etwa 20 Minuten köcheln lassen, bis sie sirupartig ist. Mit gelber Lebensmittelfarbe erzielt man ein kräftiges Gelb. Italienischer Limoncello passt sehr gut anstelle des alkoholfreien Lemonsirups.

CRANBERRY-CASSIS-FROZEN-YOGURT MIT ROTER PEPERONI

Zutaten

300 g frische Cranberrys ❋ 200 ml Wasser ❋ 1 Vanillestange ❋ 4 EL Zucker ❋ 1 rote Peperoni ❋ 80 ml Cassis oder Schwarze-Johannisbeer-Saft, plus etwas mehr für das Topping ❋ 600 g fettarmer Joghurt (1,5 %) ❋ 100 g Quark ❋ 1 Eiweiß

1. Die Cranberrys waschen und in einen Topf mit Wasser geben. Die Vanillestange der Länge nach halbieren und das Mark herauskratzen. Vanillemark und -stange sowie Zucker zu den Cranberrys geben.

2. Die Peperoni der Länge nach halbieren, die Kerne entfernen und die Peperoni in sehr feine Stücke würfeln. Die Hälfte der Peperoniwürfel zu den Cranberrys geben.

3. Die Cranberrymischung auf dem Herd erhitzen und etwa 15 Minuten kochen, bis die Beeren aufplatzen. Anschließend den Kompott beiseitestellen und abkühlen lassen.

4. Die Vanillestange entfernen. Cassis oder Schwarze-Johannisbeer-Saft, Joghurt und Quark zum Kompott geben und alles mit einem Pürierstab sehr fein pürieren.

5. Das Eiweiß mit dem Handrührgerät steif schlagen und den Eischnee unter die Joghurtmasse heben.

6. Die Joghurtmasse in der Eismaschine entsprechend der Zeitangabe des Herstellers oder per Hand nach Anweisung gefrieren (s. S. 8).

7. Zum Servieren den Cranberry-Cassis-Frozen-Yogurt in einen Spritzbeutel mit großer Sterntülle füllen und in Gläser spritzen.

Für das Topping die restlichen Peperoniwürfel mit etwas Cassis oder Johannisbeersaft in einer Pfanne andünsten, bis die Peperoni glasig sind. Abgekühlt zum Garnieren über den Frozen Yogurt geben.

GRAPEFRUIT-FROZEN-YOGURT MIT BASILIKUM

Zutaten

4 Grapefruits ❁ 110 g feiner Zucker ❁ 5 g frisches Basilikum ❁ Saft und abgeriebene Schale von ½ Zitrone ❁ 1–2 Tropfen Orangenaroma ❁ 1 Tütchen Vanillezucker ❁ 600 g Joghurt ❁ 1 Eiweiß oder 2 TL Soja-Lezithin

1. Die Grapefruits auspressen und etwas Fruchtfleisch herauslösen. Saft und Fruchtfleisch in eine Schüssel geben und mit 100 g Zucker verrühren, bis der Zucker vollständig aufgelöst ist.

2. Das Basilikum waschen und sehr fein hacken; einige Blätter zum Garnieren beiseitestellen. Den Basilikum mit dem restlichen Zucker verrühren, bis der Zucker glasig ist. Dann etwa 10 Minuten ziehen lassen.

3. Zitronensaft und -schale sowie Orangenaroma unter das Grapefruitmus mischen. Den Basilikumzucker zufügen und alles erneut etwa 20 Minuten ziehen lassen, damit sich das Basilikumaroma entfalten kann.

4. Grapefruitmasse und Joghurt vermengen und erneut 10 Minuten ziehen lassen.

5. Das Eiweiß mit dem Handrührgerät steif schlagen und den Eischnee unter die Joghurtmasse heben. Oder nach Belieben das Soja-Lezithin unter die Joghurtmasse mischen.

6. Die Joghurtmasse in der Eismaschine entsprechend der Zeitangabe des Herstellers oder per Hand nach Anweisung gefrieren (s. S. 8).

7. Zum Servieren den Grapefruit-Frozen-Yogurt in einen Spritzbeutel mit großer Sterntülle füllen und in Becher oder Förmchen spritzen. Mit Basilikumblättern garnieren.

Als Topping zum Grapefruit-Frozen-Yogurt passt auch sehr gut Baiser (s. S. 19).

ERDBEER-FROZEN-YOGURT MIT MINZE

Zutaten

300 g frische Erdbeeren ❋ 1 kleines Bund frische Minze ❋ 50 g Zucker ❋ 1 Tütchen Vanillezucker ❋ 3 Limetten ❋ 600 g fettarmer Joghurt (1,5 %) ❋ 50 ml Erdbeerlimes, als Topping

1. Die Erdbeeren putzen, waschen und mit einem Pürierstab fein pürieren.

2. Die Minzeblätter von den Zweigen zupfen, sehr fein hacken. Mit Zucker und Vanillezucker verrühren, bis der Zucker glasig ist. Den Minzezucker etwa 10 Minuten ziehen lassen.

3. Die Limetten auspressen. Saft und Minzezucker mit dem Erdbeerpüree vermengen.

4. Joghurt und Erdbeermasse vermischen und erneut 10 Minuten ziehen lassen.

5. Die Joghurtmasse in der Eismaschine entsprechend der Zeitangabe des Herstellers oder per Hand nach Anweisung gefrieren (s. S. 8).

6. Zum Servieren den Erdbeer-Frozen-Yogurt in einen Spritzbeutel mit großer Sterntülle füllen und in Gläser spritzen.

Als Topping eignen sich Erdbeerlimes oder Erdbeersauce. Für die Erdbeersauce 150 g Erdbeeren mit 1 Esslöffel Zucker pürieren, bis eine dickflüssige Sauce entsteht.

SAUERRAHM-FROZEN-YOGURT MIT GEBACKENEN KIRSCHEN

Zutaten

2 Vanillestangen ❋ 150 g Milch ❋ 500 g fettarmer Joghurt (1,5 %) ❋ 250 g saure Sahne ❋ 200 g Zucker ❋ 1 Msp. abgeriebene Zitronenschale ❋ 1 Eiweiß oder 2 TL Soja-Lezithin ❋ Für die gebackenen Kirschen: 250 g Kirschen aus dem Glas ❋ 1 EL Speisestärke ❋ 150 g Zucker ❋ 3 EL Kirschsaft

Vor dem Frozen Yogurt sollten die Kirschen im Ofen gebacken werden. Während der Backzeit kann die Joghurtmasse zubereitet werden

1. Die Vanillestangen der Länge nach halbieren und das Mark herauskratzen.

2. Die Milch mit Vanillemark und -stange in einem Topf aufkochen. Vom Herd nehmen und etwa 10 Minuten ziehen lassen. Die Vanillestange entfernen und die Milch weiter abkühlen lassen.

3. Joghurt, saure Sahne, Zucker und Zitronenschale mit der Vanillemilch vermengen. Das Eiweiß mit dem Handrührgerät steif schlagen und unter die Masse heben. Nach Belieben anstelle des Eischnees das Soja-Lezithin unterrühren.

4. Die Joghurtmasse in der Eismaschine entsprechend der Zeitangabe des Herstellers oder per Hand nach Anweisung gefrieren (s. S. 8).

5. Zum Servieren den Sauerrahm-Frozen-Yogurt in einen Spritzbeutel mit großer Sterntülle füllen und in Becher oder Förmchen spritzen.

Für das Topping die Kirschen in einem Sieb abtropfen lassen und den Kirschsaft auffangen. Den Backofen auf 160 °C vorheizen. Die Kirschen in eine Auflaufform geben und mit Speisestärke, Zucker und Kirschsaft vermengen. Etwa 30 Minuten im Ofen backen, abkühlen lassen und zum Sauerrahm-Frozen Yogurt servieren. Als zusätzliches Topping passt auch sehr gut Chili-Kirsch-Sauce (s. S. 77).

BANANEN-FROZEN-YOGURT MIT WEISSEN SCHOKOMANDELN

Zutaten

3 Bananen ❄ 1 Spritzer Zitronensaft ❄ 1 Tütchen Vanillezucker ❄ 40 g Zucker ❄ 1 Vanillestange ❄ 100 ml Milch ❄ 250 g Quark ❄ 400 g Joghurt ❄ Für die Schokomandeln: 100 g weiße Kuvertüre ❄ 150 g Mandelstifte

1. Die Bananen schälen und mit einer Gabel zerdrücken. Zitronensaft, Vanillezucker und Zucker unter das Bananenmus mischen. Beiseitestellen und etwa 10 Minuten ziehen lassen.

2. Die Vanillestange der Länge nach halbieren und das Mark herauskratzen. Die Milch mit Vanillemark und -stange in einem Topf aufkochen. Vom Herd nehmen und etwa 10 Minuten ziehen lassen. Dann die Vanillestange aus der Milch nehmen.

3. Bananenmus und Milch vermischen und mit einem Pürierstab pürieren.

4. Den Quark unterrühren, bis eine glatte Masse entsteht, dann den Joghurt unterziehen.

5. Die Joghurtmasse in der Eismaschine entsprechend der Zeitangabe des Herstellers oder per Hand nach Anweisung gefrieren (s. S. 8).

6. Zum Servieren den Bananen-Frozen-Yogurt in einen Spritzbeutel mit großer Sterntülle füllen und in Becher oder Förmchen spritzen.

1. Für das Topping die Kuvertüre in Stücke schneiden und in einer Schüssel über einem Wasserbad bei schwacher Hitze unter ständigem Rühren schmelzen.

2. Die Mandelstifte auf ein Backpapier verteilen und vorsichtig mit der Schokolade beträufeln oder einige Mandelstifte auf eine Gabel nehmen und kurz in die Schokolade tauchen. Anschließend zum Festwerden auf einen Teller geben. Den Bananen-Frozen-Yogurt mit den Schokomandeln garnieren.

Holunder

APFEL-HOLUNDER-FROZEN-YOGURT MIT KROKANT

Zutaten

5 Äpfel (Boskop) ❋ 1 Zitrone ❋ 100 ml Wasser ❋ 1 Zimtstange ❋ 1 TL gemahlene Gewürznelken ❋ 50 g Zucker ❋ 100 ml Holundersirup ❋ 500 g Joghurt ❋ 100 g Quark ❋ 2 TL Soja-Lezithin ❋ Für den Krokant: 60 g Zucker ❋ 10 g Butter ❋ 125 g gehackte Haselnüsse

1. Die Äpfel schälen, entkernen und in etwa 2 cm große Würfel schneiden. Die Zitronenschale abreiben und die Zitrone auspressen.

2. Die Apfelstücke mit Wasser, Zimtstange, Nelken und Zucker in einem Topf aufkochen. Bei mittlerer Hitze abgedeckt kochen, bis die Äpfel zerfallen sind. Zwischendurch umrühren. Den Topf vom Herd nehmen, die Zimtstange entfernen und den Holundersirup unterrühren. Die Apfelmasse abkühlen lassen.

3. Den Joghurt unter die Apfelmasse mischen. Dann Quark und Soja-Lezithin untermischen und die Masse glatt rühren.

4. Die Joghurtmasse in der Eismaschine entsprechend der Zeitangabe des Herstellers oder per Hand nach Anweisung gefrieren (s. S. 8).

5. Zum Servieren den Apfel-Holunder-Frozen-Yogurt in einen Spritzbeutel mit großer Sterntülle füllen und in Becher oder Förmchen spritzen.

1. Für das Krokant-Topping Zucker und Butter in einer Pfanne unter ständigem Rühren karamellisieren, bis die Masse goldbraun ist. Die Haselnüsse zufügen und unter Rühren weiter kochen, bis die Haselnüsse vollständig überzogen sind.

2. Den Krokant vom Herd nehmen und abkühlen lassen. Dabei immer wieder umrühren, damit sich die einzelnen Stücke gut trennen. Nach dem Abkühlen über den Frozen Yogurt streuen.

PFLAUMEN-FROZEN-YOGURT MIT ZUCKERMANDELN

Zutaten

450 g Pflaumen aus dem Glas ❁ 300 ml Pflaumensaft ❁ 30 g Zucker ❁ 1 Prise Zimt ❁ 200 g Mascarpone ❁ 500 g Joghurt ❁ Für die Zuckermandeln: 1 TL Butter ❁ 150 g Mandelblättchen ❁ 1 EL Zucker

1. Die Pflaumen in einem Sieb abtropfen lassen. Den Saft der Pflaumen auffangen. Die Pflaumen mit einem Pürierstab fein pürieren.

2. Pflaumensaft, Zucker und Zimt in einem Topf aufkochen und bei mittlerer Hitze etwa 10 Minuten köcheln lassen, bis die Flüssigkeit reduziert ist. Den Pflaumensirup unter das Pflaumenpüree mischen und glatt rühren.

3. Den Mascarpone unter das noch warme Pflaumenpüree mischen und glatt rühren. Beiseitestellen und abkühlen lassen.

4. Die abgekühlte Masse mit dem Joghurt vermischen. Die Joghurtmasse in der Eismaschine entsprechend der Zeitangabe des Herstellers oder per Hand nach Anweisung gefrieren (s. S. 8).

5. Zum Servieren den Pflaumen-Frozen-Yogurt in einen Spritzbeutel mit großer Sterntülle füllen und in Becher oder Förmchen spritzen.

Für das Topping die Butter in der Pfanne zerlassen und die Mandelblättchen bei mittlerer Hitze darin leicht anrösten. Die Mandelblättchen mit dem Zucker bestreuen und weiterrösten, bis sie gebräunt sind. Dabei immer wieder umrühren oder die Pfanne schwenken, damit sie nicht anbrennen. Die Zuckermandeln abkühlen lassen und über den Frozen Yogurt streuen.

BIRNEN-SEKT-FROZEN-YOGURT MIT WALNUSSKARAMELL

Zutaten

400 g Birnen aus der Dose ❁ 1 Vanillestange ❁ 350 ml Sekt oder trockener Weißwein ❁ 50 g Zucker ❁ 1 Zimtstange ❁ 500 g Joghurt ❁ 1 Spritzer Zitronensaft ❁ 2 TL Soja-Lezithin ❁ Für das Walnusskaramell: 150 g Walnusskerne ❁ 150 g Zucker ❁ 2 EL Milch

1. Die Birnen in einem Sieb abtropfen lassen. Die Vanillestange der Länge nach halbieren und das Mark herauskratzen.

2. 250 ml Sekt oder Weißwein in einem Topf mit Vanillemark, Zucker und Zimtstange unter Rühren aufkochen. Die Birnen zugeben. Erneut aufkochen und 10 Minuten bei geringer Hitze köcheln lassen, bis die Birnen zerfallen sind. Vom Herd nehmen und etwa 10 Minuten ziehen lassen.

3. Die Zimtstange aus der Birnenmasse nehmen, den restlichen Sekt zugeben und alles verrühren, sodass ein grobes Mus entsteht. Die Masse abkühlen lassen.

4. Birnenmasse und Joghurt vermischen, Zitronenssaft und Soja-Lezithin zugeben und die Joghurtmasse glatt rühren. Erneut einige Minuten ziehen lassen.

5. Die Joghurtmasse in der Eismaschine entsprechend der Zeitangabe des Herstellers oder per Hand nach Anweisung gefrieren (s. S. 8).

6. Zum Servieren den Birnen-Sekt-Frozen-Yogurt in einen Spritzbeutel mit großer Sterntülle füllen und in Becher oder Förmchen spritzen.

Für das Topping die Walnusskerne in grobe Stücke zerteilen und in einer Pfanne kurz anrösten. Den Zucker zufügen und unter Rühren weiterrösten, bis die Walnussstückchen gebräunt sind. Die Milch zufügen und erneut gut verrühren. Das Walnusskaramell abkühlen lassen und über den Frozen Yogurt streuen. Als zusätzliches Topping zu diesem Frozen Yogurt passt auch sehr gut Schokosauce (s. S. 77).

MULTIVITAMIN-FROZEN-YOGURT

Zutaten

1 Orange ❁ 1 Apfel ❁ 1 Mango ❁ 1 Banane ❁ 3 Maracujas ❁ 2 Karotten ❁ 100 ml Maracujasaft ❁ 50 g Zucker ❁ 1 Tütchen Vanillezucker ❁ 1 Msp. abgeriebene Zitronenschale ❁ Saft von 1 Zitrone ❁ 500 g Joghurt ❁ 2 TL Soja-Lezithin

1. Die Orange auspressen. Früchte und Karotten schälen, gegebenenfalls entkernen und in kleine Stücke schneiden. Mit Maracuja- und Orangensaft in einem Topf aufkochen und bei geringer Hitze 10 Minuten köcheln lassen.

2. Zucker, Vanillezucker und Zitronenschale zu der Masse geben und diese mit einem Pürierstab fein pürieren. Mit dem Zitronensaft abschmecken.

3. Die Fruchtmasse mit Joghurt und Soja-Lezithin mischen und 10 Minuten ziehen lassen.

4. Die Joghurtmasse in der Eismaschine entsprechend der Zeitangabe des Herstellers oder per Hand nach Anweisung gefrieren (s. S. 8).

5. Zum Servieren den Multivitamin-Frozen-Yogurt in einen Spritzbeutel mit großer Sterntülle füllen und in Becher oder Förmchen spritzen.

Als Topping zum Multivitamin-Frozen-Yogurt passen sehr gut Baiser (s. S. 19), Erdbeersauce (s. S. 28) oder Krokant (s. S. 35 und 55).

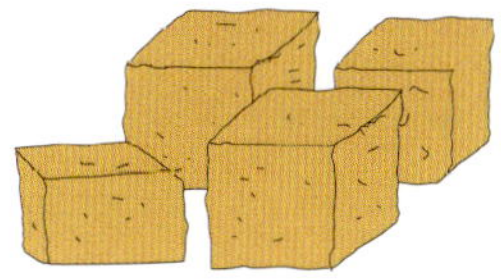

KARAMELL-FROZEN-YOGURT MIT SALZMANDELN

Zutaten

100 g Zucker ❋ 100 ml Kondensmilch ❋ 125 ml Milch ❋ 800 g fettarmer Joghurt (1,5 %) ❋ 1 Spritzer Zitronensaft ❋ Für die Salzmandeln: 250 g geschälte Mandeln ❋ 1 ½ TL Salz ❋ 1 EL Butter

1. Den Zucker in einem Topf bei geringer Hitze schmelzen, bis er goldgelb ist. Den Topf vom Herd nehmen und die Kondensmilch unter den Zucker rühren. Den Topf zurück auf den Herd stellen und die Zuckermischung unter ständigem Rühren köcheln lassen, bis eine glatte Masse entsteht.

2. Die Milch zugeben und alles erneut glatt rühren. Den Topf vom Herd nehmen und die Karamellmasse abkühlen lassen.

3. Den Joghurt mit einem Handrührgerät in die abgekühlte Karamellmasse rühren, bis alles zu einer geschmeidigen Creme gebunden ist. Mit dem Zitronensaft abschmecken.

4. Die Joghurtmasse in der Eismaschine entsprechend der Zeitangabe des Herstellers oder per Hand nach Anweisung gefrieren (s. S. 8).

5. Zum Servieren den Karamell-Frozen-Yogurt in einen Spritzbeutel mit großer Sterntülle füllen und in Becher oder Förmchen spritzen.

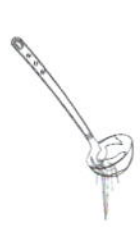

1. Für die Salzmandeln den Backofen auf 200 °C vorheizen und ein Backblech mit Backpapier auslegen. Die Mandeln in grobe Stücke zerteilen. Das Salz in einem Mörser zu feinem Staub zermahlen. Die Butter in einer Pfanne erhitzen, die Mandelstücke hineingeben und darin schwenken, bis sie von allen Seiten mit Butter überzogen sind.

2. Die Mandelstücke auf dem Backblech verteilen und 20 Minuten im Ofen backen, bis sie gebräunt sind. Dabei mehrmals wenden. Die warmen Mandeln in dem Salzstaub wenden, sodass sie von allen Seiten das Salz aufnehmen. Die lauwarmen Salzmandeln als Topping auf den Frozen Yogurt streuen.

SCHOKO-FROZEN-YOGURT MIT KUMQUATKOMPOTT

Zutaten

100 g Zartbitterschokolade ❃ 100 g Vollmilchschokolade ❃ 30 g Zucker ❃ 5 Tropfen Orangenaroma ❃ 1 Msp. abgeriebene Zitronenschale ❃ 1 Eiweiß ❃ 500 g Joghurt ❃
Für den Kumquatkompott: 100 g Kumquats ❃ 50 g Zucker ❃ 1 Orange

1. Die Schokolade in Stücke schneiden und in einer Schüssel über einem Wasserbad bei schwacher Hitze unter ständigem Rühren schmelzen. Zucker, Orangenaroma und Zitronenschale unter die Schokoladenmasse rühren, bis der Zucker aufgelöst ist.

2. Das Eiweiß mit dem Handrührgerät steif schlagen und den Eischnee unter die Schokoladenmasse heben.

3. Schokoladencreme und Joghurt vermischen und die Joghurtmasse in der Eismaschine entsprechend der Zeitangabe des Herstellers oder per Hand nach Anweisung gefrieren (s. S. 8).

4. Zum Servieren den Schoko-Frozen-Yogurt in einen Spritzbeutel mit großer Sterntülle füllen und in Becher oder Förmchen spritzen.

1. Für das Topping die Kumquatfrüchte waschen, in 5 mm breite Scheiben schneiden und gegebenenfalls entkernen. Mit 2 Esslöffel Zucker bestreuen und 15 Minuten ziehen lassen. Die Orange auspressen.

2. Die Früchte in einer Pfanne bei starker Hitze leicht anbraten. Den Orangensaft zu den Früchten geben und alles 10 Minuten einkochen lassen. Dabei unter ständigem Rühren nach und nach den restlichen Zucker hinzugeben.

3. Den Kumquatkompott warm oder kalt als Topping zum Schoko-Frozen-Yogurt servieren.

GRIECHISCHER FROZEN-YOGURT MIT HONIG & PINIENKERNEN

Zutaten

500 g griechischer Joghurt (10 % Fettgehalt) ❃ 100 g Akazienhonig ❃ 1 Msp. abgeriebene Zitronenschale ❃ 1 Tütchen Vanillezucker ❃ 1 Vanillestange ❃ 100 ml Milch ❃ 100 g Sahne
Für das Topping: 150 g Pinienkerne ❃ 4 EL Akazienhonig

1. Den Joghurt mit Honig, Zitronenschale und Vanillezucker vermischen und etwa 10 Minuten ziehen lassen.

2. Die Vanillestange der Länge nach halbieren und das Mark herauskratzen. Milch, Vanillemark und -stange in einem Topf aufkochen und etwa 10 Minuten bei geringer Hitze köcheln lassen. Vom Herd nehmen und abkühlen lassen.

3. Die Sahne mit einem Handrührgerät steif schlagen. Die Vanillestange aus der Milch nehmen. Milch- und Joghurtmischung vermengen und glatt rühren. Zum Schluss die Sahne unter die Joghurtmasse heben.

4. Die Joghurtmasse in der Eismaschine entsprechend der Zeitangabe des Herstellers oder per Hand nach Anweisung gefrieren (s. S. 8).

5. Zum Servieren den Frozen Yogurt in einen Spritzbeutel mit großer Sterntülle füllen und in Becher oder Förmchen spritzen.

Als Topping die Pinienkerne in einer Pfanne bei mittlerer Hitze rösten, bis sie goldbraun sind. Dabei immer wieder umrühren oder die Pfanne schwenken, damit sie nicht anbrennen. Die Pinienkerne zusammen mit dem Honig über den Griechischen Frozen Yogurt geben.

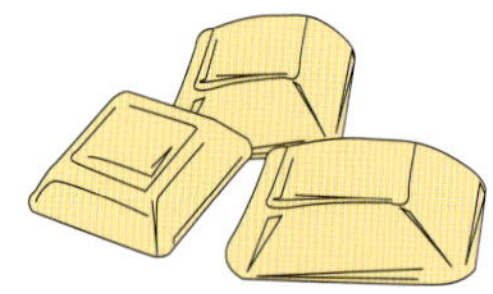

WEISSER SCHOKO-FROZEN-YOGURT MIT ROTEN PFEFFERBEEREN

Zutaten

150 g weiße Schokolade ❁ 1 Vanillestange ❁ 100 ml Milch ❁ 1 Prise Salz ❁ 1 Msp. abgeriebene Zitronenschale ❁ 500 g Joghurt ❁ 50 g getrocknete, rote Pfefferbeeren

1. Die Schokolade in Stücke schneiden und in einer Schüssel über einem Wasserbad bei schwacher Hitze unter ständigem Rühren schmelzen.

2. Die Vanillestange der Länge nach halbieren und das Mark herauskratzen. Milch, Vanillemark und -stange in einem Topf aufkochen und etwa 10 Minuten bei geringer Hitze köcheln lassen. Die Vanillestange aus der Milch nehmen.

3. Geschmolzene Schokolade und Milch vermischen und mit einem Handrührgerät glatt rühren. Salz und Zitronenschale unterrühren und die Creme abkühlen lassen.

4. Den Joghurt unter die Schokoladenmasse mischen und glatt rühren.

5. Die Joghurtmasse in der Eismaschine entsprechend der Zeitangabe des Herstellers oder per Hand nach Anweisung gefrieren (s. S. 8).

6. Zum Servieren den Frozen Yogurt in einen Spritzbeutel mit großer Sterntülle füllen und in Becher oder Förmchen spritzen.

Als Topping die Pfefferbeeren vorsichtig zwischen den Fingern zerreiben und über den Weißen Schoko-Frozen-Yogurt streuen.

MOKKA-FROZEN-YOGURT MIT GERÖSTETEN KAFFEEBOHNEN

Zutaten

50 g Zartbitterschokolade ❀ 50 g Vollmilchschokolade ❀ 100 g Mascarpone ❀ 2 Espressi ❀ 2 TL gemahlener Kaffee ❀ 100 g Zucker ❀ 500 g fettarmer Joghurt (1,5 %) ❀ 1 Eiweiß ❀ 2 EL Kaffeebohnen

1. Die Schokolade in Stücke schneiden und in einer Schüssel über einem Wasserbad bei schwacher Hitze unter ständigem Rühren schmelzen. Den Mascarpone unter die Schokolade ziehen und glatt rühren.

2. Espressi in einer Espressokanne oder in der Maschine brühen. Espressi und Schokoladencreme mischen und glatt rühren.

3. Kaffeepulver und Zucker unter die Masse rühren und diese etwa 10 Minuten durchziehen lassen.

4. Joghurt und Schoko-Kaffeemasse mischen. Das Eiweiß mit einem Handrührgerät steif schlagen und den Eischnee unter die Joghurtmasse heben.

5. Die Joghurtmasse in der Eismaschine entsprechend der Zeitangabe des Herstellers oder per Hand nach Anweisung gefrieren (s. S. 8).

6. Zum Servieren den Mokka-Frozen-Yogurt in einen Spritzbeutel mit großer Sterntülle füllen und in Gläser spritzen.

Für das Topping die Kaffeebohnen in ein Küchentuch einschlagen und mit einem Fleischklopfer grob zerstoßen. Die Kaffeekrümel in einer Pfanne etwa 10 Minuten unter ständigem Rühren rösten. Sie sollten nicht anbrennen oder zu stark geröstet werden, da sie sonst bitter schmecken. Die gerösteten Kaffeebohnen über den Mokka-Frozen-Yogurt streuen.

Tipp: Der Mokka-Frozen-Yogurt lässt sich sehr gut mit dem Weißen Schoko-Frozen-Yogurt (s. S. 48) kombinieren: am besten geschichtet in einem Glas servieren.

Orientalischer Safran-Frozen-Yogurt mit Sternanissirup

Zutaten

250 ml Milch ❁ 1 g Safranfäden ❁ 3 EL Akazienhonig ❁ ½ TL gemahlener Kardamom ❁ 1 Orange ❁ 8 Mandarinen ❁ 3 EL Zucker ❁ 1 Tütchen Bourbon-Vanillezucker ❁ 1 Msp. abgeriebene Zitronenschale ❁ 1–3 Tropfen Orangenaroma ❁ 5 Tropfen Mandelaroma ❁ 500 g fettarmer Joghurt (1,5 %) ❁ 100 g Quark ❁ 2–3 TL gehackte Pistazien

Für den Sternanissirup: 10 getrocknete Sternanise ❁ 1 TL gemahlene Gewürznelken ❁ 5 EL brauner Zucker ❁ 1 Spritzer Zitronensaft ❁ 300 ml Wasser

1. Milch, Safran, Honig und Kardamom in einen Topf geben, aufkochen und bei geringer Hitze etwa 10 Minuten ziehen lassen. Danach auskühlen lassen.

2. Orange und Mandarinen auspressen. Den Saft mit Zucker, Vanillezucker, Zitronenschale, Orangenaroma und Mandelaroma verrühren, bis alle Zutaten miteinander gebunden sind.

3. Die Saftmischung mit Joghurt und Quark vermischen und mit dem Handrührgerät glatt rühren.

4. Die Safran-Kardamommilch in den Joghurt gießen und alles erneut glatt rühren.

5. Die Joghurtmasse in der Eismaschine entsprechend der Zeitangabe des Herstellers oder per Hand nach Anweisung gefrieren (s. S. 8).

6. Zum Servieren den Safran-Frozen-Yogurt in ein hohes Glas füllen und mit einem Spritzbeutel mit großer Sterntülle eine Krone aufspritzen. Die Pistazien zum Garnieren über den Frozen Yogurt streuen.

Für das Topping die Sternanise mit Nelken, braunem Zucker und Zitronensaft im Wasser aufkochen und etwa 20 Minuten bei geringer Hitze einkochen lassen, bis die Flüssigkeit sirupartig ist. Den Sirup noch heiß mit einem Trichter in ein verschließbares Glasgefäß füllen. Nach dem Abkühlen zum Frozen Yogurt servieren.

NUSS-FROZEN-YOGURT MIT KARAMELLKROKANT

Zutaten

200 g ganze Haselnüsse ❉ 80 g brauner Zucker ❉ 150 ml Milch ❉ 1 Prise Zimt ❉ 500 g Joghurt ❉ Für den Karamellkrokant: 150 g gehackte Haselnüsse ❉ 1 EL Butter ❉ 80 g brauner Zucker ❉ 20 g Sahne

1. Den Backofen auf 180 °C vorheizen. Die Haselnüsse auf ein mit Backpapier ausgelegtes Backblech verteilen und im Ofen etwa 5 Minuten rösten, bis die Schalen sich lösen. Herausnehmen, gegebenenfalls die restlichen Schalen abreiben und die Haselnüsse grob hacken.

2. 50 g Zucker in einer Pfanne bei mittlerer Hitze unter ständigem Rühren karamellisieren. Die Haselnüsse zufügen und unter Rühren weiterkochen, bis die Haselnüsse vollständig überzogen sind.

3. Die Nussmasse mit der Milch aufgießen und aufkochen. Den restlichen Zucker unter Rühren langsam einrieseln lassen. Vom Herd nehmen und abkühlen lassen. Dann mit einem Handrührgerät glatt rühren und mit Zimt abschmecken.

4. Den Joghurt unter die Karamellmasse rühren. Die Joghurtmasse in der Eismaschine entsprechend der Zeitangabe des Herstellers oder per Hand nach Anweisung gefrieren (s. S. 8).

5. Zum Servieren den Nuss-Frozen-Yogurt in einen Spritzbeutel mit großer Sterntülle füllen und in Becher oder Förmchen spritzen.

Für den Karamellkrokant die Haselnüsse in einer Pfanne goldbraun rösten. Die Butter zufügen und die Nüsse vollständig mit der Butter vermischen. Den Zucker unter Rühren einrieseln lassen, die Sahne zum Binden unterrühren und bei mittlerer Hitze weiterrühren, bis die Nüsse karamellisiert sind. Den Krokant über den Nuss-Frozen-Yogurt streuen. Als zusätzliches Topping passt auch sehr gut Eierlikör (s. S. 78).

ROSEN-FROZEN-YOGURT MIT MOHN

Zutaten

1 Vanillestange ❁ 100 ml Milch ❁ 200 g Quark ❁ ½ TL abgeriebene Zitronenschale ❁ 2–3 Tropfen Orangenaroma ❁ 1 Tütchen Vanillezucker ❁ 2 EL Akazienhonig ❁ 500 g Joghurt ❁ 2 EL Rosenwasser ❁ 50 g Sahne ❁ 1 EL Butter ❁ 100 g gemahlene Mohnsaat ❁ 4 EL Puderzucker

1. Die Vanillestange der Länge nach halbieren und das Mark herauskratzen. Milch, Vanillemark und -stange in einem Topf aufkochen und etwa 10 Minuten bei geringer Hitze köcheln lassen. Vom Herd nehmen und abkühlen lassen. Die Vanillestange aus der Milch entfernen.

2. Den Quark mit Zitronenschale, Orangenaroma, Vanillezucker und Honig cremig rühren. Vanillemilch und Quarkmasse mit einem Schneebesen vermischen und den Joghurt unterrühren. Das Rosenwasser zufügen und die Joghurtmasse 10 Minuten ziehen lassen.

3. Die Sahne mit dem Handrührgerät steif schlagen und unter die Joghurtmasse heben.

4. Die Joghurtmasse in der Eismaschine entsprechend der Zeitangabe des Herstellers oder per Hand nach Anweisung gefrieren (s. S. 8).

5. Zum Servieren den Rosen-Frozen-Yogurt in einen Spritzbeutel mit großer Sterntülle füllen und in Becher oder Förmchen spritzen.

Für das Topping die Butter in einer Pfanne zerlassen. Den Mohn zugeben und unter ständigem Rühren etwa 5 Minuten bei mittlerer Hitze rösten. Den Puderzucker zu der Mohnmischung geben und noch einige Minuten weiterrühren. Den gerösteten Mohn lauwarm über den Rosen-Frozen-Yogurt streuen.

KOKOS-FROZEN-YOGURT MIT SCHOKOLINSEN

Zutaten

200 g Kokosraspel ❋ 500 g Joghurt ❋ 50 g Zucker ❋ 1 Tütchen Vanillezucker ❋ 1 Msp. abgeriebene Zitronenschale ❋ 2 Eiweiß ❋ 100 g Zartbitterschokolade

1. Die Kokosraspel in einer Pfanne bei mittlerer Hitze unter ständigem Rühren rösten, bis sie goldbraun sind. Vom Herd nehmen und abkühlen lassen.

2. Den Joghurt mit Zucker, Vanillezucker und Zitronenschale verrühren und die Kokosraspel untermischen.

3. Das Eiweiß mit einem Handrührgerät steif schlagen und den Eischnee unter die Joghurtmasse heben.

4. Die Joghurtmasse in der Eismaschine entsprechend der Zeitangabe des Herstellers oder per Hand nach Anweisung gefrieren (s. S. 8).

5. Zum Servieren den Kokos-Frozen-Yogurt in einen Spritzbeutel mit großer Sterntülle füllen und in Becher oder Förmchen spritzen.

Für das Topping die Schokolade in Stücke schneiden und in einer Schüssel über einem Wasserbad bei schwacher Hitze unter ständigem Rühren schmelzen. Ein Stück Backpapier ausbreiten, eine Gabel in die Schokolade tauchen und mit ihr kleine Linsen auf das Papier tropfen. Abkühlen lassen, vom Papier lösen und über den Kokos-Frozen-Yogurt streuen.

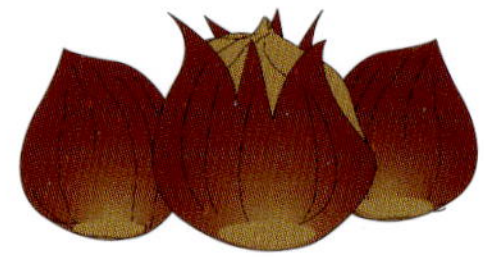

MARONEN-FROZEN-YOGURT MIT WEISSEM NOUGAT

Zutaten

250 g gekochte Maronen ❁ 100 ml Milch ❁ 100 g Zucker ❁ 1 Tütchen Vanillezucker ❁ 2–3 Tropfen Orangenaroma ❁ 1 Prise Zimt ❁ 4 EL Honig ❁ 500 g Joghurt ❁ 1 Eiweiß ❁ 100–150 g weißer Nougat, als Topping

1. Maronen und Milch in einen Topf geben und aufkochen. Zucker, Vanillezucker, Orangenaroma und Zimt zufügen und alles bei geringer Hitze etwa 15 Minuten köcheln lassen.

2. Vom Herd nehmen und mit einem Pürierstab fein pürieren. Den Honig unter die Maronenmasse ziehen.

3. Joghurt und Maronenmasse vermengen und glatt rühren. Das Eiweiß mit einem Handrührgerät steif schlagen und den Eischnee unter die Joghurtmasse heben.

4. Die Joghurtmasse in der Eismaschine entsprechend der Zeitangabe des Herstellers oder per Hand nach Anweisung gefrieren (s. S. 8).

5. Zum Servieren den Maronen-Frozen-Yogurt in einen Spritzbeutel mit großer Sterntülle füllen und in Becher oder Förmchen spritzen.

Weißen Nougat gibt es in türkischen Lebensmittelgeschäften zu kaufen. Alternativ kann auch italienischer Torrone verwendet werden. Den Nougat in kleine Stücke zerbröseln und als Topping über den Frozen Yogurt streuen. Anstelle des Nougats kann auch sehr gut Karamellsauce (s. S. 78) als Topping verwendet werden.

FEIGEN-FROZEN-YOGURT MIT GERÖSTETEM SESAM

Zutaten

250 g frische oder getrocknete Feigen ❋ 100 ml Wasser ❋ 30 g Zucker ❋ 500 g fettarmer Joghurt (1,5 %) ❋ 200 g Ricotta ❋ 100 ml Milch ❋ 50 g Sahne ❋ 2 EL Honig ❋ 1 Prise Zimt ❋ 1 Msp. abgeriebene Zitronenschale ❋ 2 EL Sesamsaat ❋ 1 TL Zucker

1. Die Feigen waschen, den Stil entfernen und die Früchte vierteln. In einen Topf mit Wasser geben und aufkochen lassen. Den Zucker unter Rühren einrieseln lassen und bei geringer Hitze köcheln, bis die Feigen zerfallen. Getrocknete Feigen brauchen etwas länger, bis sie weich sind.

2. Die Feigen mit einem Pürierstab fein pürieren und mit dem Joghurt vermengen.

3. Ricotta und Milch glatt rühren und mit der Feigen-Joghurtmasse mischen.

4. Die Sahne mit einem Handrührgerät steif schlagen und unter die Masse heben. Zum Schluss den Honig unterziehen und mit Zimt und Zitronenschale abschmecken.

5. Die Joghurtmasse in der Eismaschine entsprechend der Zeitangabe des Herstellers oder per Hand nach Anweisung gefrieren (s. S. 8).

6. Zum Servieren den Feigen-Frozen-Yogurt in einen Spritzbeutel mit großer Sterntülle füllen und in Becher oder Förmchen spritzen.

Für das Topping die Sesamsaat unter Rühren in einer Pfanne rösten. Dabei nach und nach den Zucker einrieseln lassen und weiterrühren, bis der Sesam gebräunt und knusprig ist. Abgekühlt über den Frozen Yogurt streuen.

MINZE-FROZEN-YOGURT MIT SCHOKORASPELN

Zutaten

1 Vanillestange ❋ 200 g frische Minze ❋ 100 ml Milch ❋ 100 g Zucker ❋ 500 g Joghurt ❋ 2 TL Soja-Lezithin ❋ 2 EL Minzesirup ❋ 3–4 EL Zartbitter-Schokoladenraspel

1. Die Vanillestange der Länge nach halbieren und das Mark herauskratzen. Die Minzeblätter von den Stielen zupfen und klein hacken. Milch, Minze, Zucker, Vanillemark und -stange in einem Topf aufkochen und bei geringer Hitze etwa 15 Minuten köcheln lassen.

2. Die Minzemilch abkühlen lassen, mit einem Pürierstab fein pürieren und mit dem Joghurt verrühren.

3. Soja-Lezithin und Minzesirup unter die Joghurtmasse mischen und diese 10 Minuten ziehen lassen.

4. Dann zwei Drittel der Schokoraspeln löffelweise in den Minzejoghurt einarbeiten.

5. Die Joghurtmasse in der Eismaschine entsprechend der Zeitangabe des Herstellers oder per Hand nach Anweisung gefrieren (s. S. 8). Die restlichen Schokoraspel während des Gefriervorgangs in die gefrierende Masse einrieseln lassen bzw. unterrühren.

6. Zum Servieren den Minze-Frozen-Yogurt in einen Spritzbeutel mit großer Sterntülle füllen und in Becher oder Förmchen spritzen.

Als Topping zum Minze-Frozen-Yogurt schmeckt sehr gut lauwarme Schokosauce (s. S. 77).

TOPPINGS & CO.

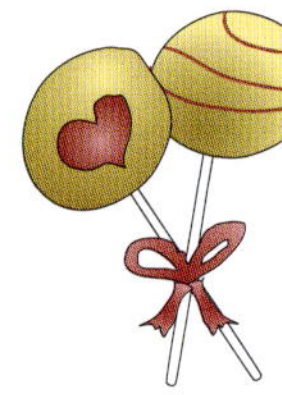

CAKE POPS

Zutaten

Für den Rührteig: 150 g Butter ❁ 30 g Zucker ❁ 1 Tütchen Vanillezucker ❁ 1 Msp. abgeriebene Zitronenschale ❁ 2 Eier ❁ 150 g Mehl ❁ 1 Tütchen Backpulver ❁ 1 Prise Salz ❁ 150 ml Milch Für das Frosting: 150 g Crème fraîche ❁ 40 g weiche Butter ❁ 10 Tropfen Vanillearoma ❁ 110 g Puderzucker ❁ Für die Glasur: 150 g weiße Kuvertüre ❁ 150 g dunkle Kuvertüre

1. Den Backofen auf 180 °C vorheizen. Die Butter in einer Schüssel mit einem Handrührgerät cremig rühren, dabei nach und nach Zucker, Vanillezucker und Zitronenschale hinzufügen. Die Eier nacheinander unterrühren und weiterrühren, bis die Buttermasse glatt ist.

2. Mehl, Backpulver und Salz vermischen und abwechselnd mit der Milch in die Buttermasse einrühren. Weiterrühren, bis ein glatter, zähflüssiger Teig entsteht. Den Teig in eine mit Backpapier ausgelegte kleine Kastenform geben und etwa 45 Minuten im Ofen backen. Aus der Form auf ein Kuchengitter stürzen, abkühlen lassen, mit den Händen in eine Schüssel zerkrümeln und beiseitestellen.

3. Für das Frosting Crème fraîche und Butter mit einem Handrührgerät schaumig schlagen. Vanillearoma und Puderzucker unterrühren.

4. Die Frosting-Masse zu den Kuchenbröseln geben und miteinander verkneten, bis sich der Teig gut formen lässt. Aus dem Teig etwa 30 mittelgroße Kugeln formen, auf ein Backpapier legen und 10–15 Minuten ins Tiefkühlfach geben.

5. Für die Glasur die Kuvertüren in Stücke schneiden und jeweils in einer Schüssel über einem Wasserbad bei schwacher Hitze unter ständigem Rühren schmelzen. Die Teigkugeln auf lange Holzspieße stecken, in die flüssige Schokolade tauchen und darin drehen oder die Schokolade mit einem Pinsel auftragen.

6. Nach Belieben mit Zuckerguss oder Zuckerwerk dekorieren. Die Cake Pops kalt stellen und trocknen lassen.

Die Cake Pops sind sehr süß und schmecken am besten zum Basic Frozen Yogurt (s. S. 12).

SCHOKOBROWNIES

Zutaten

420 g Zartbitterschokolade ❋ 250 g Butter ❋ 3 Eier ❋ 100 g Zucker ❋ 120 g Mehl ❋ 1 Tütchen Backpulver ❋ 10 Tropfen Orangenaroma

1. Den Backofen auf 180° C vorheizen. Die Schokolade in Stücke schneiden. 350 g Schokolade und Butter in einer Schüssel über einem Wasserbad bei schwacher Hitze unter ständigem Rühren schmelzen. Vom Herd nehmen und abkühlen lassen.

2. Eier und Zucker mit einem Handrührgerät schaumig schlagen. Die flüssige Schokolade nach und nach mit einem Schneebesen unter die Eimasse rühren.

3. Mehl und Backpulver mischen. Schokoladenmasse und Mehlmischung zu einem glatten, cremigen Teig verrühren. Zum Schluss das Orangenaroma zugeben und die restlichen Schokoladenstücke unterziehen.

4. Ein kleines Backblech einfetten oder mit Backpapier auslegen. Den Teig darauf glatt verstreichen.

5. Den Teig 35–40 Minuten im Ofen backen – je kürzer die Brownies backen, desto saftiger bleiben sie innen. Die Brownies auskühlen lassen, vom Blech nehmen und in etwa 5 cm x 5 cm große Würfel schneiden.

Die Schokobrownies passen sehr gut zum Basic Frozen Yogurt (s. S. 12) oder Nuss-Frozen-Yogurt (s. S. 55).

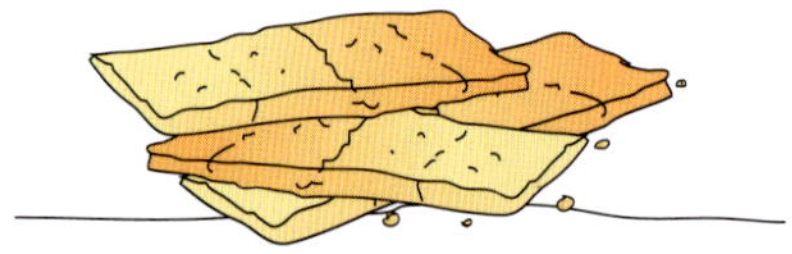

SHORT BREAD FINGERS

Zutaten

250 g Mehl ❁ 150 g Speisestärke ❁ 250 g weiche Butter ❁ ½ TL Salz ❁ 100 g feiner Zucker ❁ 1 Msp. abgeriebene Zitronenschale ❁ 2–3 Tropfen Orangenaroma ❁ 1 Tütchen Vanillezucker ❁ 50 g Puderzucker

1. Den Backofen auf 180 °C vorheizen. Mehl und Speisestärke mischen.

2. Die Butter mit Salz, Zucker, Zitronenschale, Orangenaroma und Vanillezucker in eine Rührschüssel geben und mit einem Handrührgerät schaumig rühren. Den Puderzucker zum Schluss einrieseln lassen und unterrühren.

3. Die Mehlmischung nach und nach in die Buttermasse rühren und alles zu einem glatten Teig verarbeiten.

4. Den Teig auf einer bemehlten Arbeitsfläche mit der Teigrolle zu einem Rechteck ausrollen. In regelmäßigen Abständen mit einer Gabel einstechen. Den Teig mit dem Messer in 2 cm x 6 cm große Streifen schneiden. Die Streifen auf ein bemehltes Holzbrett legen und 1 Stunde im Kühlschrank ruhen lassen.

5. Die Teigstreifen auf ein mit Backpapier ausgelegtes Blech legen und etwa 18 Minuten im Ofen backen. Dabei immer wieder kontrollieren, dass die Streifen nicht zu braun werden, denn sie verbrennen schnell.

Short Bread Fingers kann man anstelle von Eiswaffeln zum Frozen Yogurt servieren. Sie passen sehr gut zum Basic Frozen Yogurt (s. S. 12).

SCHOKOSAUCE & CHILI-KIRSCH-SAUCE

Zutaten

Für die Schokosauce: 100 g Vollmilchschokolade, Zartbitterschokolade oder weiße Schokolade ❁ 100 g Sahne ❁ 100 ml Milch ❁ 1 Prise Salz ❁ ½ Tütchen Vanillezucker ❁ 3 TL ungesüßtes Kakaopulver ❁ 1 TL Speisestärke

Für die Chili-Kirsch-Sauce: 2 milde Chilis ❁ 2 TL Butter ❁ 125 g Sauerkirschen aus dem Glas ❁ 1 TL brauner Zucker ❁ 500 ml Kirschsaft ❁ etwas Zitronensaft ❁ 1 Prise Salz

Schokosauce

1. Die Schokolade in kleine Stücke schneiden. Sahne, Milch, Salz und Vanillezucker in einem Topf aufkochen. Die Schokoladenstücke bei geringer Hitze nach und nach in die Sahnemilch geben und mit einem Schneebesen rühren, bis sie vollständig geschmolzen sind. Bei Verwendung von Vollmilch- oder Zartbitterschokolade für eine dunkle Schokoladensauce zusätzlich das Kakaopulver unterrühren.

2. Die Speisestärke mit etwas Wasser in einer Tasse glatt rühren, zu der Schokomasse geben und nochmals aufkochen lassen. Dabei weiterrühren, damit sich keine Haut bildet.

3. Die Schokosauce lauwarm oder kalt zum Frozen Yogurt als Topping servieren. Zum Aufbewahren die heiße Sauce mit einem Trichter in ein verschließbares Glasgefäß füllen.

Chili-Kirsch-Sauce

1. Die Chilis der Länge nach halbieren, die Kerne entfernen und in feine Würfel schneiden. Die Butter in der Pfanne zerlassen und die Chiliwürfel darin anrösten.

2. Die Kirschen in einem Sieb abtropfen lassen und den Saft auffangen. Dann zu den Chilis in die Pfanne geben, den Zucker darüberstreuen und alles etwa 5 Minuten unter Rühren karamellisieren.

3. Mit dem Sauerkirsch- und Kirschsaft ablöschen, Zitronensaft und Salz zugeben und die Masse mit einem Pürierstab sehr fein pürieren. Die Chili-Kirsch-Sauce lauwarm oder kalt zum Frozen Yogurt als Topping servieren. Zum Aufbewahren die heiße Sauce mit einem Trichter in ein verschließbares Glasgefäß füllen.

Karamellsauce & Eierlikör

Zutaten

Für die Karamellsauce: 150 g brauner Zucker ❁ 150 ml Kondensmilch ❁ 50 ml Milch ❁ 25 g Butter ❁ 1 Prise Vanillezucker ❁ 1 Prise Salz

Für den Eierlikör: 4 Eigelb ❁ 120 g Puderzucker ❁ 1 Vanillestange ❁ 2–3 Tropfen Orangenaroma ❁ 250 ml Kondensmilch ❁ 350 ml Weinbrand

Karamellsauce

1. Den Zucker in einem Topf bei geringer Hitze schmelzen, bis er karamellisiert.

2. Kondensmilch und Milch mischen und nach und nach unter ständigem Rühren in den karamellisierten Zucker gießen. Weiterrühren, bis der karamellisierte Zucker vollständig aufgelöst ist.

3. Butter, Vanillezucker und Salz zugeben und alles erneut unter Rühren kurz aufkochen.

4. Die Sauce erkalten lassen, dabei gelegentlich umrühren, damit sich keine Haut bildet. In Flaschen abfüllen oder direkt servieren. Die Karamellsauce kann im Kühlschrank etwa 1 Woche aufbewahrt werden.

Eierlikör

1. Eigelb und Puderzucker mit einem Handrührgerät zu einer cremigen Masse verrühren.

2. Die Vanillestange der Länge nach halbieren und das Mark herauskratzen. Vanillemark und Orangenaroma zu der Eiermasse geben und unterrühren.

3. Dann unter ständigem Rühren nach und nach abwechselnd Kondensmilch und Weinbrand unter die Eiercreme mischen.

4. Den Eierlikör etwa 1 Stunde kalt stellen und ziehen lassen. Zum Schluss durch ein feines Sieb oder Tuch gießen, damit der Schaum von der Flüssigkeit getrennt wird. Die Sauce in Flaschen füllen und gut verschließen. Der Eierlikör kann im Kühlschrank etwa 4 Wochen aufbewahrt werden.

Register